한글세대
아미타경 관음경 반야심경

한글세대
아미타경 관음경 반야심경

대역 : 한문과 우리말 가사체

무비스님 · 조현춘 공역

운주사

한글세대

아미타경

阿彌陁經
아 미 타 경

鳩摩羅什 漢文 譯
구 마 라 집   한 문   역

고려대장경 구마라집 한문역 아미타경을 저본으로 약자는 정자로 바꾸었고, 장과 절을 구분하여 독송이나 설법, 연구를 용이하게 하였습니다. 극히 일부 '산스끄리뜨어본을 참고하고, 논리적 분석을 하여' 교감하였으며 한문 밑줄로 표시하였습니다.

지금 대한민국에는 출처가 분명하지 않은 한문 아미타경 / 불교경전들이 많이 유통되고 있습니다.

우리는 참으로 자랑스러운 〈고려대장경〉을 가지고 있습니다. 경전을 출간할 때에는, 〈정확하기로 유명한 고려대장경〉을 활용하는 것이 옳다고 봅니다.

손쉽다고 하여, 오자투성이인 유통본을 그대로 베껴서 경전을 출간하는 일이 없기를 축원드립니다.

가사체 아미타경

무비스님 · 조현춘 공역

아미타경에는 극락세계가 있습니다. 극락세계는 불교인의
희망입니다. 또한 모든 인류의 희망입니다.

일상생활 속에서
'나무 아미타불'을 열심히 염송해서 이 생에서 바로 극락세계
를 이루시면 가장 좋습니다. 일주일에 한 시간씩이라도
아미타경을 읽고, '나무 아미타불'을 하시기를 축원드립니다.

임종이 가까이 오면,
모든 힘을 다하여서 (정말 죽을 힘을 다하여) '나무 아미타불'
을 염송하시기 바랍니다. 이 생을 떠나는 분은 자신을 위하
여, 보내는 분들은 떠나는 분의 극락왕생을 위하여 지극
정성으로 '나무 아미타불'을 해 주시기를 축원 드립니다.
업풍에 날아가지 않을 수 있습니다. 저승사자에게 끌려가지
않을 수 있습니다.

淨口業眞言
정구업진언

수리수리 마하수리 수수리

사바하(세번)

五方內外安慰諸神眞言
오방내외안위제신진언

나무 사만다 못다남

옴 도로도로 지미 사바하(세번)

開法藏眞言[1]
개법장진언

無上甚深微妙法　百千萬劫難遭遇
무 상 심 심 미 묘 법　백 천 만 겁 난 조 우

我今聞見得受持　願解如來眞實義
아 금 문 견 득 수 지　원 해 여 래 진 실 의

옴 아라남 아라다(세번)

---

[1] 開經偈와 開法藏眞言은 따로 있었습니다. 그러나 다른 진언의 경우에는
개 경 게　　개 법 장 진 언
거의 전부 偈/眞言이 같이 있습니다. 그리고 開經偈의 마지막 부분은 바로
　　　　게 진 언　　　　　　　　　　　개 경 게
開法藏眞言을 그대로 번역한 것입니다. 또한 앞의 두 진언과의 일관성을
개 법 장 진 언
위해서 開經偈를 따로 두지 않고 開法藏眞言 앞부분에 둡니다.
　　　개 경 게　　　　　　　　개 법 장 진 언

입으로 지은 업을 씻어내는 진언

깨끗이~ 깨끗하게 참으로~ 깨끗하게
완전히~ 깨끗하게 깨끗이~ 살렵니다.
수리수리 마하수리 수수리 사바하(세번)

부처님과 성중님을 모셔오는 진언

일체모든 부처님~ 일체모든 성중님~
이자리에 편안하게 임하시어 주옵소서.
나무 사만다 못다남
옴 도로도로 지미 사바하(세번)

경전 독송 전의 진언

높디높고 깊디깊은 부처님말씀
백천만겁 지나가도 듣기힘든데
제가지금 보고들어 지니었으니
부처님의 진실한뜻 이루렵니다.
옴 아라남 아라다(세번)

阿彌陁經
아미타경

一. 法會衆證分
일 법회중증분

①

如是我聞 一時 佛 在舍衛國 祇樹給孤
여시아문 일시 불 재사위국 기수급고

獨園 與大比丘僧 千二百五十人俱
독원 여대비구승 천이백오십인구

②

皆是大阿羅漢 衆所知識 長老 舍利弗
개시대아라한 중소지식 장로 사리불

摩訶目乾連 摩訶迦葉 摩訶迦栴延 摩訶
마하목건련 마하가섭 마하가전연 마하

俱絺羅 離婆多 周梨槃陁迦 難陁 阿難
구치라 이바다 주리반타가 난다 아난

陁 羅睺羅 憍梵波提 賓頭盧頗羅墮 迦
다 라후라 교범바제 빈두로파라타 가

留陁夷 摩訶劫賓那 薄俱羅 阿㝹樓馱
류타이 마하겁빈나 박구라 아누루다

③

如是等 諸大弟子 幷諸菩薩摩訶薩 文殊
여시등 제대제자 병제보살마하살 문수

12

가사체 아미타경

1장 법회가 열린 배경

①

부처님이 일천이백 오십명의 스님들과
대중들을 위하여서 어느날~ 사위국의
기원정사 계시면서 다음같이 하시는걸
제가직접 들었으며 제가직접 봤습니다.

②

사리불~ 목건련~ 마하가섭 가전연~
구치라~ 이바다~ 주리반타 난~다~
아난다~ 라후라~ 교범바제 빈두로파
가류타이 겁빈나~ 아누루다 박구라등
많디많은 아라한도 같이자리 했습니다.

③

제자외에 법왕자인 문수사리 보살님~

師利法王子　阿逸多菩薩　乾陁訶提菩薩
사리법왕자　아일다보살　건타하제보살

常精進菩薩　與如是等　諸大菩薩　及　釋
상정진보살　여여시등　제대보살　급　석

提桓因等　無量諸天大衆　俱
제환인등　무량제천대중　구

二. 佛土依正分
이　불토의정분

①

爾時　佛告　長老　舍利弗　從是西方　過十
이시　불고　장로　사리불　종시서방　과십

萬億佛土　有世界　名曰極樂　其土有佛
만억불토　유세계　명왈극락　기토유불

號阿彌陁　今現在說法
호아미타　금현재설법

三. 寶樹池蓮分
삼　보수지연분

①

舍利弗　彼土何故　名爲極樂　其國衆生
사리불　피토하고　명위극락　기국중생

無有衆苦　但受諸樂　故名極樂
무유중고　단수제락　고명극락

14

아일다~ 보살님~ 건타하제 보살님~
상정진~ 보살님등 많은보살 오시었고
환인등의 많디많은 하느님도 왔습니다.

2장 극락세계의 존재
①
부처님이 사리불께 말씀하시 었습니다.
사리불~ 장로님~ 여기에서 서쪽으로
일십만억 많디많은 나라들을 지나가면
아미타~ 부처님이 설법하고 계시는~
아미타불 서방정토 극락세계 있습니다.

3장 보물 가로수와 연못과 연꽃
①
사리불~ 장로님~ 어찌하여 그세계를
서방정토 극락이라 하는지를 아십니까?

②

又舍利弗 極樂國土 七重欄楯 七重羅網
우 사 리 불　극 락 국 토　칠 중 난 순　칠 중 나 망

七重行樹 皆是四寶 周匝圍繞
칠 중 항 수　개 시 사 보　주 잡 위 요

③

舍利弗 其佛國土 成就如是功德莊嚴
사 리 불　기 불 국 토　성 취 여 시 공 덕 장 엄

④

又舍利弗 極樂國土 有七寶池 八功德水
우 사 리 불　극 락 국 토　유 칠 보 지　팔 공 덕 수

充滿其中
충 만 기 중

⑤

池底 純以金沙 布地 四邊階道 金銀琉
지 저　순 이 금 사　포 지　사 변 계 도　금 은 유

극락세계 중생들은 괴로움이 전혀없고
모든낙을 누리므로 극락이라 말합니다.

②

사리불~ 장로님~ 아미타~ 부처님의
극락세계 네가지의 최고좋은 보물로된
일곱겹의 난간들과 일곱겹의 그물들과
일곱겹의 가로수로 둘러싸여 있습니다.

③

사리불~ 장로님~ 아미타~ 부처님의
극락세계 공덕장엄 이렇게도 좋습니다.

④

극락에는 팔공덕수 좋은물로 가득찬~
일곱가지 최고좋은 보물연못 있습니다.

⑤

연못바닥 금모래가 평평하게 깔려있고
연못둑은 금과은과 파란옥과 수정이며

璃頗利 合成 上有樓閣 亦以金銀琉璃
리 파 리　합 성　상 유 누 각　역 이 금 은 유 리

頗利 車渠 赤珠 馬瑙 而嚴飾之
파 리　자 거　적 주　마 노　이 엄 식 지

⑥

池中蓮花 大如車輪
지 중 연 화　대 여 거 륜

⑦

青色青光 黃色黃光 赤色赤光 白色白光
청 색 청 광　황 색 황 광　적 색 적 광　백 색 백 광

微妙香潔
미 묘 향 결

연못위의 누각들은 금과은과 파란옥과
수정들과 하얀산호 빨간진주 마노로써
찬란하고 황홀하게 장식되어 있습니다.
⑥
연못안의 물위에는 수레바퀴 만큼크고
참으로~ 아름다운 연꽃피어 있습니다.
⑦

파란색과 파란빛의 연꽃들도 피어있고
노란색과 노란빛의 연꽃들도 피어있고
빨간색과 빨간빛의 연꽃들도 피어있고
하얀색과 하얀빛의 연꽃들도 피어있고
여러가지 색과빛의 연꽃들도 피어있고
참으로~ 아름답고 참으로~ 향기로운
가지가지 연꽃들이 가득피어 있습니다.

舍利弗 極樂國土 成就如是功德莊嚴
사 리 불　극 락 국 토　성 취 여 시 공 덕 장 엄

四. 天人供養分
사　　천 인 공 양 분

①

又舍利弗 彼佛國土 常作天樂 黃金爲地
우 사 리 불　피 불 국 토　상 작 천 악　황 금 위 지

晝夜六時 天雨曼陁羅華
주 야 육 시　천 우 만 다 라 화

②

其國衆生 常以淸旦 各以衣裓 盛衆妙華
기 국 중 생　상 이 청 단　각 이 의 극　성 중 묘 화

供養他方 十萬億佛 卽以食時 還到本國
공 양 타 방　십 만 억 불　즉 이 식 시　환 도 본 국

飯食經行
반 사 경 행

⑧
사리불~ 장로님~ 아미타~ 부처님의
극락세계 공덕장엄 이렇게도 좋습니다.

4장 극락중생들의 꽃 공양
①
사리불~ 장로님~ 아미타~ 부처님의
극락세계 항상좋은 노래소리 들려오며
땅바닥은 황금이며 하늘에는 쉬지않고
만다라꽃 꽃비가득 내려오고 있습니다.
②
아미타~ 부처님의 극락세계 중생들은
매일매일 아침마다 한식경도 되기전에
시방세계 일십만억 부처님께 꽃올리고
돌아와서 여유롭게 산책을~ 즐깁니다.

③

舍利弗 極樂國土 成就如是功德莊嚴
사 리 불 극 락 국 토 성 취 여 시 공 덕 장 엄

五. 禽樹演法分
오   금 수 연 법 분

①

復次 舍利弗 彼國 常有種種奇妙 雜色
부 차 사 리 불 피 국 상 유 종 종 기 묘 잡 색

之鳥
지 조

②

白鵠孔雀 鸚鵡舍利 迦陵頻伽 共命之鳥
백 곡 공 작 앵 무 사 리 가 릉 빈 가 공 명 지 조

是諸衆鳥 晝夜六時 出和雅音
시 제 중 조 주 야 육 시 출 화 아 음

③

其音演暢 五根五力 七菩提分 八聖道分
기 음 연 창 오 근 오 력 칠 보 리 분 팔 성 도 분

如是等法
여 시 등 법

③

사리불~ 장로님~ 아미타~ 부처님의
극락세계 공덕장엄 이렇게도 좋습니다.

5장 새와 나무의 설법

①

사리불~ 장로님~ 서방정토 극락에는
참으로~ 아름다운 여러빛깔 많은새가
쉬지않고 끊임없이 노래하고 있습니다.

②

흰고니~ 공작새~ 앵무새~ 사리새~
극락새~ 공명새가 우아한~ 목소리로
쉬지않고 끊임없이 노래하고 있습니다.

③

다섯가지 마음가짐 다섯가지 수행의힘
일곱가지 선악기준 여덟가지 바른수행

④

其土衆生 聞是音已 皆悉念佛 念法 念僧
기 토 중 생 　 문 시 음 이 　 개 실 염 불 　 염 법 　 염 승

⑤

舍利弗 汝勿謂此鳥 實是罪報所生
사 리 불 　 여 물 위 차 조 　 　 실 시 죄 보 소 생

⑥

所以者何 彼佛國土 無三惡趣 舍利弗
소 이 자 하 　 피 불 국 토 　 무 삼 악 취 　 사 리 불

其佛國土 尚無三惡道之名 何況有實
기 불 국 토 　 상 무 삼 악 도 지 명 　 하 황 유 실

⑦

是諸衆鳥 皆是 阿彌陀佛 欲令法音宣流
시 제 중 조 　 개 시 　 아 미 타 불 　 욕 령 법 음 선 류

變化所作
변 화 소 작

24

쉬지않고 끊임없이 노래하고 있습니다.
④
극락세계 중생들은 이노래를 들으면서
온마음과 온몸으로 부처님을 염불하고
일심으로 부처님의 가르침을 염법하고
거룩한~ 대중들을 염승하고 있습니다.
⑤
사리불~ 장로님~ 이새들이 죄때문에
축생으로 태어났다 생각하지 마십시오.
⑥
극락에는 지옥아귀 축생전혀 없습니다.
지옥아귀 축생들이 전혀없는 극락인데
어떻게~ 이새들이 축생일수 있으리오!
⑦
여기있는 이새들은 아미타~ 부처님이
설법위해 법력으로 나투게한 것입니다.

⑧

舍利弗 彼佛國土 微風吹動 諸寶行樹 及
사 리 불 피 불 국 토 미 풍 취 동 제 보 항 수 급

寶羅網 出微妙音
보 라 망 출 미 묘 음

⑨

譬如百千種樂 同時俱作
비 여 백 천 종 악 동 시 구 작

⑩

聞是音者 皆自然生 念佛 念法 念僧之心
문 시 음 자 개 자 연 생 염 불 염 법 염 승 지 심

⑪

舍利弗 其佛國土 成就如是功德莊嚴
사 리 불 기 불 국 토 성 취 여 시 공 덕 장 엄

⑧

사리불~ 장로님~ 아미타~ 부처님의
서방정토 극락에는 잔잔한~ 바람결이
보물로된 가로수와 보물그물 흔들어서
황홀하고 감미로운 소리내고 있습니다.

⑨

백천가지 악기들을 합주하는 것과같이
황홀하고 감미로운 소리내고 있습니다.

⑩

극락세계 중생들은 이소리를 들으면서
온마음과 온몸으로 부처님을 염불하고
일심으로 부처님의 가르침을 염법하고
거룩한~ 대중들을 염승하고 있습니다.

⑪

사리불~ 장로님~ 아미타~ 부처님의
극락세계 공덕장엄 이렇게도 좋습니다.

六. 佛德無量分
유 불덕무량분

①

舍利弗 於汝意云何 彼佛 何故 號無量
사리불 어여의운하 피불 하고 호무량

壽佛
수불

②

彼佛壽命 及其人民 無量無邊 阿僧祇劫
피불수명 급기인민 무량무변 아승기겁

故名無量壽佛
고명무량수불

③

舍利弗 於汝意云何 彼佛 何故 號無量
사리불 어여의운하 피불 하고 호무량

光佛
광불

④

彼佛光明 無量 照十方國 無所障㝵 是
피불광명 무량 조시방국 무소장애 시

故 號爲無量光佛
고 호위무량광불

6장 극락 대중

①

사리불~ 장로님~ 어찌하여 그부처님

무량수불 이라고도 말하는지 아십니까?

②

그부처님 수명은~ 무량무변 아승기겁

극락중생 수명도~ 무량무변 아승기겁

그리하여 무량수불 이라고도 말합니다.

③

사리불~ 장로님~ 어찌하여 그부처님

무량광불 이라고도 말하는지 아십니까?

④

그부처님 발하는빛 한량없이 밝디밝아

조금도~ 걸림없이 시방세계 다비추어

무량광불 이라고도 말을하는 것입니다.

⑤

舍利弗 阿彌陁佛 成佛以來 於今十劫
사 리 불　아 미 타 불　성 불 이 래　어 금 십 겁

⑥

又舍利弗 彼佛有無量無邊聲聞弟子 皆
우 사 리 불　피 불 유 무 량 무 변 성 문 제 자　개

阿羅漢 非是算數之所能知 諸菩薩 亦復
아 라 한　비 시 산 수 지 소 능 지　제 보 살　역 부

如是
여 시

⑦

舍利弗 彼佛國土 成就如是功德莊嚴
사 리 불　피 불 국 토　성 취 여 시 공 덕 장 엄

七. 往生發願分
칠　　왕 생 발 원 분

①

又舍利弗 極樂國土 衆生生者 皆是阿鞞
우 사 리 불　극 락 국 토　중 생 생 자　개 시 아 비

跋致
발 치

⑤

사리불~ 장로님~ 아미타~ 부처님이
성불하여 부처된지 열겁이~ 됐습니다.

⑥

사리불~ 장로님~ 아미타~ 부처님은
끝도없이 많디많은 성문제자 아라한과
한량없는 보살들에 둘러싸여 계십니다.

⑦

사리불~ 장로님~ 아미타~ 부처님의
극락세계 공덕장엄 이렇게도 좋습니다.

7장 극락왕생 발원

①

사리불~ 장로님~ 사리불~ 장로님~
아미타~ 부처님의 극락세계 중생들은
윤회하는 중생으로 돌아가지 않습니다.

其中 多有一生補處 其數甚多 非是算數
기중 다유일생보처 기수심다 비시산수

所能知之 但可以無量無邊阿僧祇劫說
소능지지 단가이무량무변아승기겁설

舍利弗 衆生聞者 應當發願 願生彼國
사리불 중생문자 응당발원 원생피국

所以者何 得與如是 諸上善人 俱會一處
소이자하 득여여시 제상선인 구회일처

八. 修持正行分
팔 수지정행분

舍利弗 不可 以少善根福德因緣 得生
사리불 불가 이소선근복덕인연 득생

彼國
피국

아미타~ 부처님의 극락세계 중생중엔

다음생에 부처될분 수도없이 많습니다.

무량무변 아승기겁 계속해서 말을해야

다말할수 있을만큼 수도없이 많습니다.

③

사리불~ 장로님~ 이말듣는 중생들은

이렇게도 훌륭하신 분들이~ 많이있는

서방정토 극락세계 태어나길 소원하며

일심으로 아미타불 염송해야 하십니다.

8장 수지독송의 공덕

①

사리불~ 장로님~ 작은선행 복으로는

서방정토 극락세계 태어날수 없습니다.

②

舍利弗 若有善男子善女人 聞說阿彌陁
사 리 불　약 유 선 남 자 선 여 인　문 설 아 미 타

佛 執持名號 若一日 若二日 若三日 若
불　집 지 명 호　약 일 일　약 이 일　약 삼 일　약

四日 若五日 若六日 若七日 一心不亂
사 일　약 오 일　약 육 일　약 칠 일　일 심 불 난

其人 臨命終時 阿彌陁佛 與諸聖衆 現
기 인　임 명 종 시　아 미 타 불　여 제 성 중　현

在其前
재 기 전

③

是人終時 心不顚倒 卽得往生 阿彌陁佛
시 인 종 시　심 부 전 도　즉 득 왕 생　아 미 타 불

極樂國土
극 락 국 토

④

舍利弗 我見是利 故說此言
사 리 불　아 견 시 리　고 설 차 언

⑤

若有衆生 聞是說者 應當發願 生彼國土
약 유 중 생　문 시 설 자　응 당 발 원　생 피 국 토

②

사리불~ 장로님~ 하루이틀 만이라도
사흘나흘 닷새엿새 이레동안 만이라도
온마음과 온몸으로 아미타불 염송하다
이세상을 떠나가는 사람들은 빠짐없이
아미타~ 부처님과 제자들과 보살들이
극락세계 태어나는 길로안내 하십니다.

③

깨달음의 길로부터 벗어나지 아니하고
극락세계 태어나는 길로안내 하십니다.

④

사리불~ 장로님~ 이런공덕 알고있어
간절하게 제가말씀 드리는~ 것입니다.

⑤

사리불~ 장로님~ 이말듣는 중생들은
서방정토 극락세계 태어나길 소원하며

九. 同讚勸信分
구 동찬권신분

①

舍利弗　如我今者　讚歎阿彌陁佛　不可
사리불　여아금자　찬탄아미타불　불가

思議功德　東方　亦有阿閦鞞佛　須彌相
사의공덕　동방　역유아촉비불　수미상

佛　大須彌佛　須彌光佛　妙音佛　如是等
불　대수미불　수미광불　묘음불　여시등

恒河沙數諸佛　各於其國　出廣長舌相
강가사수제불　각어기국　출광장설상

遍覆三千大千世界　說誠實言　汝等衆生
변부삼천대천세계　설성실언　여등중생

當信是稱讚　不可思議功德　一切諸佛
당신시칭찬　불가사의공덕　일체제불

所護念經
소호념경

36

일심으로 아미타불 염송해야 하십니다.

①

사리불∼ 장로님∼ 아미타∼ 부처님의

상상할수 없이많은 공덕들에 대하여서

간절하게 제가말씀 드리는∼ 것과같이

동방세계 에서도∼ 아촉비∼ 부처님∼

수미상∼ 부처님∼ 대수미∼ 부처님∼

수미광∼ 부처님∼ 묘∼음∼ 부처님등

강가강의 모래수와 같이많은 부처님이

참으로∼ 간절하게 설법하고 계십니다.

각각자기 세계에서 삼천대천 세계에∼

두루미칠 큰소리로 설법하고 계십니다.

믿어야만 하십니다. 아미타∼ 부처님의

②

舍利弗 南方世界 有日月燈佛 名聞光佛
사 리 불　남 방 세 계　유 일 월 등 불　명 문 광 불

大焰肩佛 須彌燈佛 無量精進佛 如是等
대 염 견 불　수 미 등 불　무 량 정 진 불　여 시 등

恒河沙數諸佛 各於其國 出廣長舌相 遍
강 가 사 수 제 불　각 어 기 국　출 광 장 설 상　변

覆三千大千世界 說誠實言 汝等衆生 當
부 삼 천 대 천 세 계　설 성 실 언　여 등 중 생　당

信是稱讚 不可思議功德 一切諸佛 所護
신 시 칭 찬　불 가 사 의 공 덕　일 체 제 불　소 호

念經
념 경

상상할수 없는공덕 믿어야만 하십니다.
일체모든 부처님의 간절하신 가르침을
온마음과 온몸으로 믿어야만 하십니다.

②

사리불~ 장로님~ 사리불~ 장로님~
남방세계 에서도~ 일월등~ 부처님~
명문광~ 부처님~ 대염견~ 부처님~
수미등~ 부처님~ 무량정진 부처님등
강가강의 모래수와 같이많은 부처님이
참으로~ 간절하게 설법하고 계십니다.
각각자기 세계에서 삼천대천 세계에~
두루미칠 큰소리로 설법하고 계십니다.
믿어야만 하십니다. 아미타~ 부처님의
상상할수 없는공덕 믿어야만 하십니다.
일체모든 부처님의 간절하신 가르침을

③

舍利弗 西方世界 有無量壽佛 無量相佛
사 리 불　서 방 세 계　유 무 량 수 불　무 량 상 불

無量幢佛 大光佛 大明佛 寶相佛 淨光
무 량 당 불　대 광 불　대 명 불　보 상 불　정 광

佛 如是等 恒河沙數諸佛 各於其國 出
불　여 시 등　강 가 사 수 제 불　각 어 기 국　출

廣長舌相 遍覆三千大千世界 說誠實言
광 장 설 상　변 부 삼 천 대 천 세 계　설 성 실 언

汝等衆生 當信是稱讚 不可思議功德 一
여 등 중 생　당 신 시 칭 찬　불 가 사 의 공 덕　일

切諸佛 所護念經
체 제 불　소 호 념 경

온마음과 온몸으로 믿어야만 하십니다.

③

사리불~ 장로님~ 사리불~ 장로님~

서방세계 에서도~ 무량수~ 부처님~

무량상~ 부처님~ 무량당~ 부처님~

대~광~ 부처님~ 대~명~ 부처님~

보~상~ 부처님~ 정~광~ 부처님등

강가강의 모래수와 같이많은 부처님이

참으로~ 간절하게 설법하고 계십니다.

각각자기 세계에서 삼천대천 세계에~

두루미칠 큰소리로 설법하고 계십니다.

믿어야만 하십니다. 아미타~ 부처님의

상상할수 없는공덕 믿어야만 하십니다.

일체모든 부처님의 간절하신 가르침을

온마음과 온몸으로 믿어야만 하십니다.

舍利弗　北方世界　有焰肩佛　寂勝音佛
사 리 불　　 북 방 세 계　 유 염 견 불　　 최 승 음 불

難沮佛　日生佛　網明佛　如是等　恒河沙
난 저 불　　 일 생 불　　 망 명 불　　 여 시 등　　 강 가 사

數諸佛 各於其國 出廣長舌相 遍覆三千
수 제 불　각 어 기 국　출 광 장 설 상　변 부 삼 천

大千世界 說誠實言 汝等衆生 當信是稱
대 천 세 계　설 성 실 언　여 등 중 생　당 신 시 칭

讚　不可思議功德　一切諸佛　所護念經
찬　　 불 가 사 의 공 덕　　 일 체 제 불　　 소 호 념 경

舍利弗　下方世界　有師子佛　名聞佛　名
사 리 불　　 하 방 세 계　 유 사 자 불　　 명 문 불　 명

④

사리불~ 장로님~ 사리불~ 장로님~

북방세계 에서도~ 염~견~ 부처님~

최승음~ 부처님~ 난~저~ 부처님~

일~생~ 부처님~ 망~명~ 부처님등

강가강의 모래수와 같이많은 부처님이

참으로~ 간절하게 설법하고 계십니다.

각각자기 세계에서 삼천대천 세계에~

두루미칠 큰소리로 설법하고 계십니다.

믿어야만 하십니다. 아미타~ 부처님의

상상할수 없는공덕 믿어야만 하십니다.

일체모든 부처님의 간절하신 가르침을

온마음과 온몸으로 믿어야만 하십니다.

⑤

사리불~ 장로님~ 하방세계 에서도~

光佛　達摩佛　法幢佛　持法佛　如是等
광불　달마불　법당불　지법불　여시등

恒河沙數諸佛　各於其國　出廣長舌相
강가사수제불　각어기국　출광장설상

遍覆三千大千世界 說誠實言 汝等衆生
변부삼천대천세계 설성실언 여등중생

當信是稱讚　不可思議功德　一切諸佛
당신시칭찬　불가사의공덕　일체제불

所護念經
소호념경

⑥

舍利弗　上方世界　有梵音佛　宿王佛　香
사리불　상방세계　유범음불　수왕불　향

上佛 香光佛 大焰肩佛 雜色寶華嚴身佛
상불 향광불 대염견불 잡색보화엄신불

44

사~자~ 부처님~ 명~문~ 부처님~
명~광~ 부처님~ 달~마~ 부처님~
법~당~ 부처님~ 지~법~ 부처님등
강가강의 모래수와 같이많은 부처님이
참으로~ 간절하게 설법하고 계십니다.
각각자기 세계에서 삼천대천 세계에~
두루미칠 큰소리로 설법하고 계십니다.
믿어야만 하십니다. 아미타~ 부처님의
상상할수 없는공덕 믿어야만 하십니다.
일체모든 부처님의 간절하신 가르침을
온마음과 온몸으로 믿어야만 하십니다.

⑥

사리불~ 장로님~ 상방세계 에서도~
범~음~ 부처님~ 수~왕~ 부처님~
향~상~ 부처님~ 향~광~ 부처님~

娑羅樹王佛 寶華德佛 見一切義佛 如湏
사 라 수 왕 불　보 화 덕 불　견 일 체 의 불　여 수

彌山佛 如是等恒河沙數諸佛 各於其國
미 산 불　여 시 등 강 가 사 수 제 불　각 어 기 국

出廣長舌相 遍覆三千大千世界 說誠實
출 광 장 설 상　변 부 삼 천 대 천 세 계　설 성 실

言 汝等眾生 當信是稱讚 不可思議功德
언　여 등 중 생　당 신 시 칭 찬　부 가 사 의 공 덕

一切諸佛 所護念經
일 체 제 불　소 호 념 경

十. 聞法信願分
십　　문 법 신 원 분

①

舍利弗 於汝意云何 何故 名爲一切諸佛
사 리 불　어 여 의 운 하　하 고　명 위 일 체 제 불

所護念經
소 호 념 경

46

대염견~ 부처님~ 잡색보화 부처님~
사라수왕 부처님~ 보화덕~ 부처님~
견일체의 부처님~ 여수미산 부처님등
강가강의 모래수와 같이많은 부처님이
참으로~ 간절하게 설법하고 계십니다.
각각자기 세계에서 삼천대천 세계에~
두루미칠 큰소리로 설법하고 계십니다.
믿어야만 하십니다. 아미타~ 부처님의
상상할수 없는공덕 믿어야만 하십니다.
일체모든 부처님의 간절하신 가르침을
온마음과 온몸으로 믿어야만 하십니다.

10장 듣고 믿기를 권함
①
사리불~ 장로님~ 일체모든 부처님이

② 舍利弗 若有善男子善女人 聞是經 受持
사 리 불 약 유 선 남 자 선 여 인 문 시 경 수 지

者 及 聞諸佛名者 是諸善男子善女人
자 급 문 제 불 명 자 시 제 선 남 자 선 여 인

皆爲一切諸佛 共所護念
개 위 일 체 제 불 공 소 호 념

③ 皆得 不退轉 於阿耨多羅三藐三菩提
개 득 불 퇴 전 어 아 누 다 라 삼 먁 삼 보 리

④ 是故 舍利弗 汝等 皆當信受 我語 及 諸
시 고 사 리 불 여 등 개 당 신 수 아 어 급 제

佛所說
불 소 설

⑤ 舍利弗 若有人 已發願 欲生 阿彌陁佛
사 리 불 약 유 인 이 발 원 욕 생 아 미 타 불

간절하게 말하시는 이유를~ 아십니까?

②

사리불~ 장로님~ 사리불~ 장로님~
이경전을 받아지녀 온마음과 온몸으로
아미타~ 부처님을 염송하는 사람들은
아미타~ 부처님과 제자들과 보살들이
극락세계 태어나는 길로안내 하십니다.

③

깨달음의 길로부터 벗어나지 아니하고
극락세계 태어나는 길로안내 하십니다.

④

사리불~ 장로님~ 사리불~ 장로님~
저의말과 일체모든 부처님의 가르침을
온마음과 온몸으로 믿어야만 하십니다.

⑤

사리불~ 장로님~ 사리불~ 장로님~

國者 是諸人等 皆得 不退轉 於阿耨多
국자 시제인등 개득 불퇴전 어아누다

羅三藐三菩提 於彼國土 若已生
라삼막삼보리 어피국토 약이생

⑥

若有人 今發願 欲生 阿彌陁佛國者 是
약유인 금발원 욕생 아미타불국자 시

諸人等 皆得 不退轉 於阿耨多羅三藐三
제인등 개득 불퇴전 어아누다라삼막삼

菩提 於彼國土 若今生
보리 어피국토 약금생

⑦

若有人 當發願 欲生 阿彌陁佛國者 是
약유인 당발원 욕생 아미타불국자 시

諸人等 皆得 不退轉 於阿耨多羅三藐三
제인등 개득 불퇴전 어아누다라삼막삼

서방정토 극락세계 태어나길 소원하며
온마음과 온몸으로 아미타불 염송하다
이세상을 이미떠난 사람들은 빠짐없이
깨달음의 길로부터 벗어나지 아니하고
서방정토 극락세계 이미태어 났습니다.

⑥

서방정토 극락세계 태어나길 소원하며
온마음과 온몸으로 아미타불 염송하다
이세상을 떠나가는 사람들도 빠짐없이
깨달음의 길로부터 벗어나지 아니하고
서방정토 극락세계 태어나는 중입니다.

⑦

서방정토 극락세계 태어나길 소원하며
온마음과 온몸으로 아미타불 염송하다
이세상을 떠나게될 사람들도 빠짐없이

菩提 於彼國土 若當生
보리　어피국토　약당생

⑧

是故 舍利弗 諸善男子善女人 若有信者
시고　사리불　제선남자선여인　약유신자

應當發願 生彼國土
응당발원　생피국토

十一. 互讚感發分
십일　호찬감발분

①

舍利弗 如我今者 稱讚諸佛 不可思議功
사리불　여아금자　칭찬제불　불가사의공

德 彼諸佛等 亦稱說我 不可思議功德
덕　피제불등　역칭설아　불가사의공덕

而作是言
이작시언

52

깨달음의 길로부터 벗어나지 아니하고
서방정토 극락세계 태어날~ 것입니다.
⑧
사리불~ 장로님~ 사리불~ 장로님~
선남자와 선여인은 이경전의 말을믿고
서방정토 극락세계 태어나길 소원하며
일심으로 아미타불 염송해야 하십니다.

11장 서로 칭찬함

①

사리불~ 장로님~ 사리불~ 장로님~
'아미타~ 부처님의 상상할수 없는공덕
일체모든 부처님이 설법하고 계신다'고
제가지금 여기에서 간절하게 설법하듯
'아미타~ 부처님의 상상할수 없는공덕
제가지금 여기에서 설법하고 있다'라고

②

釋迦牟尼佛 能爲甚難希有之事 能於娑
석 가 모 니 불　능 위 심 난 희 유 지 사　능 어 사

婆國土 五濁惡世 劫濁 見濁 煩惱濁 衆
바 국 토　오 탁 악 세　겁 탁　견 탁　번 뇌 탁　중

生濁 命濁中 得阿耨多羅三藐三菩提 爲
생 탁　명 탁 중　득 아 누 다 라 삼 먁 삼 보 리　위

諸衆生 說是一切世間難信之法
제 중 생　설 시 일 체 세 간 난 신 지 법

③

舍利弗 當知 我於五濁惡世 行此難事
사 리 불　당 지　아 어 오 탁 악 세　행 차 난 사

得阿耨多羅三藐三菩提 爲一切世間 說
득 아 누 다 라 삼 먁 삼 보 리　위 일 체 세 간　설

此難信之法 是爲甚難
차 난 신 지 법　시 위 심 난

일체모든 부처님도 설법하고 계십니다.

②

'석가모니 부처님이 어려운일 하고있다.

세월이~ 혼탁하고 생각이~ 혼탁하고

번뇌가~ 혼탁하고 중생이~ 혼탁하고

수명이~ 혼탁한~ 오탁악세 사바에서

석가모니 부처님이 깨달음을 이루고서

사바세계 중생으론 믿기힘든 참된진리

설법하고 있다'라고 설법하고 계십니다.

③

사리불~ 장로님~ 알아야만 하십니다.

최고바른 깨달음을 온전하게 이루고서

제가지금 사바세계 중생으론 믿기힘든

참된진리 설하는걸 알아야만 하십니다.

十二. 流通普度分
십이 유통보도분

①

佛說此經已 舍利弗 及 諸比丘 一切世
불 설 차 경 이 사 리 불 급 제 비 구 일 체 세

間 天 人 阿修羅 等 聞佛所說 歡喜信受
간 천 인 아 수 라 등 문 불 소 설 환 희 신 수

作禮而去
작 례 이 거

〈鳩摩羅什 漢文 譯 校監本 佛說阿彌陁經 終〉
구 마 라 집 한 문 역 교 감 본 불 설 아 미 타 경 종

56

12장 유통분

①

부처님이 이법문을 모두모두 마치시니

사리불~ 장로님과 남자스님 여자스님

모든세상 하느님과 사람들과 아수라가

부처님의 설법듣고 매우매우 기뻐하며

믿고지녀 받들어~ 행하기로 했습니다.

〈가사체 아미타경 끝〉

阿彌陁佛精勤
아 미 타 불 정 근

南無　西方淨土　極樂世界
나 무　서 방 정 토　극 락 세 계

我等導師
아 등 도 사

南無　阿彌陁　佛(여러 번)
나 무　아 미 타　불

阿彌陁佛本心微妙眞言
아 미 타 불 본 심 미 묘 진 언

다냐타 옴 아리다라 사바하(세번)

稽首西方安樂刹　接引衆生大導師
계 수 서 방 안 락 찰　접 인 중 생 대 도 사

我今發願願往生　唯願慈悲哀攝受
아 금 발 원 원 왕 생　유 원 자 비 애 섭 수

故我一心歸命頂禮
고 아 일 심 귀 명 정 례

가사체 아미타 부처님 정근

서방정토 극락세계 건설하시어
고통세계 윤회하는 모든중생을
빠짐없이 인도하는 아미타부처
온마음과 온몸으로 염송합니다.

나무 아미타 불~(여러 번)

아미타~ 부처님의 본심미묘진언

다냐타 옴 아리다라 사바하(세번)

고통들은 어디에도 전혀없으며
모든기쁨 빠짐없이 갖추어있는
극락세계 왕생하길 기원합니다.
자비로써 저희들을 받아주소서.

아미타~ 부처님께 일심귀의 하옵니다.

한글세대

관음경

觀音經
관 음 경

鳩摩羅什 漢文 譯
구 마 라 집   한 문   역

고려대장경 구마라집 한문 역 묘법연화경 관세음보살보문
품을 저본으로 정리하였습니다. 그러나 약자는 정자로 바꾸
었고, 장과 절을 구분하여 독송이나 설법, 연구를 용이하게
하였습니다.

대한불교조계종에서 소의경전을 금강경으로 결정하였으
나, 대부분의 조계종 사찰에는 관음전이 있습니다. 또한
사찰 이름에서도 아마도 관음사가 가장 많을 것으로 생각됩
니다. 관음사는 원칙적으로 관세음보살님을 모시는 사찰입
니다. 관세음보살님은 중생들의 가지가지 고통을 구체적으
로 해결해 주시는 분입니다.
원효대사님 덕분으로 나무아미타불 염송이 대중화되었다
면, 의상대사님 덕분으로 관세음보살 염송이 대중화되었습
니다.

가사체 관음경

무비스님 · 조현춘 공역

관음경은 '일승사상을 나타내는 대승경전의 대표인 법화경(묘법연화경) 관세음보살보문품'을 말합니다. 관세음보살님은 세상의 모든 음성을 '같이 있으면서 듣고 보시는' 보살입니다. '생생하게 듣고 보시는' 보살입니다. 특히 사바세계 중생들이 괴로워할 때 모든 괴로움을 거두어 주시는 대비의 보살입니다.

법화경 중에서도 관세음보살보문품을 특히 많이 독송하는 이유는 〈관세음 보살!〉을 염송하면 일곱 가지 재난이 물러가고, 탐진치 삼독에서 벗어나며, 나아가 모든 소원이 이루어지기 때문입니다. 구마라집 한문 관음경 외의 여러 관음경을 참고하였기에 일부 대역이 서로 맞지 않을 수 있습니다.

觀音經
관음경

一. 法會因由分
일 법회인유분

①

爾時 無盡意菩薩 卽從座起 偏袒右肩
이시 무진의보살 즉종좌기 편단우견

合掌向佛 而作是言.
합장향불 이작시언

②

世尊, 觀世音菩薩 以何因緣 名觀世音?
세존 관세음보살 이하인연 명관세음

③

佛告無盡意菩薩. 善男子, 若有無量 百
불고무진의보살 선남자 약유무량 백

千萬億衆生 受諸苦惱 聞是觀世音菩薩
천만억중생 수제고뇌 문시관세음보살

一心稱名, 觀世音菩薩 卽時 觀其音聲
일심칭명 관세음보살 즉시 관기음성

가사체 관음경

1장 법회가 열린 배경

①

무진의~ 보살님이 자리에서 일어나서

오른어깨 드러내고 오른무릎 땅에꿇고

합장하고 부처님께 말씀드리 셨습니다.

②

거룩하신 부처님~ 거룩하신 부처님~

어찌하여 불자들이 온마음과 온몸으로

관세음~ 보살님을 염송하고 있습니까?

③

무진의~ 보살님~ 무진의~ 보살님~

여러가지 고통들을 겪고있던 중생들이

관세음~ 보살님을 일심으로 염송하면

중생수가 백명천명 만억명이 되더라도

④

皆得解脫.
개 득 해 탈

二. 七難
이   칠 난

①

若有持是　觀世音菩薩名者　設入大火,
약 유 지 시　관 세 음 보 살 명 자　설 입 대 화

火不能燒　由是菩薩威神力故.
화 부 능 소　유 시 보 살 위 신 력 고

②

若爲大水所漂　稱其名號, 即得淺處.
약 위 대 수 소 표　칭 기 명 호　즉 득 천 처

③

若有百千萬億衆生　爲求金銀琉璃　車璩
약 유 백 천 만 억 중 생　위 구 금 은 유 리　자 거

馬瑙　珊瑚虎珀　眞珠等寶　入於大海,假使
마 노　산 호 호 박　진 주 등 보　입 어 대 해　가 사

관세음~ 보살님은 빠짐없이 듣습니다.

④

관세음~ 보살님을 일심으로 염송하면

모든고통 벗어나서 평온함을 누립니다.

2장 칠 난

①

큰불속에 들어가서 타죽게된 중생들이

관세음~ 보살님을 일심으로 염송하면

불속에서 벗어나서 평온함을 누립니다.

②

큰물속에 떠내려가 목숨잃을 중생들도

관세음~ 보살님을 일심으로 염송하면

얕은곳에 이르러서 평온함을 누립니다.

③

금은보화 구하려고 먼바다에 나갔다가

黑風吹其船舫 飄墮羅刹鬼國, 其中若有
흑풍취기선방 표타나찰귀국 기중약유

乃至一人 稱觀世音菩薩名者, 是諸人等
내지일인 칭관세음보살명자 시제인등

皆得解脫 羅刹之難 以是因緣 名觀世音.
개득해탈 나찰지난 이시인연 명관세음

④

若復有人 臨當被害 稱觀世音菩薩名者
약부유인 임당피해 칭관세음보살명자

彼所執刀杖 尋段段壞 而得解脫.
피소집도장 심단단괴 이득해탈

⑤

若三千大千國土 滿中夜叉羅刹 欲來惱
약삼천대천국토 만중야차나찰 욕래뇌

人 聞其稱觀世音菩薩名者, 是諸惡鬼
인 문기칭관세음보살명자 시제악귀

尚不能以惡眼視之 況復加害.
상불능이악안시지 황부가해

⑥

設復有人 若有罪 若無罪 枷械枷鎖 檢
설부유인 약유죄 약무죄 추계가쇄 검

태풍만나 나찰들에 잡히게된 중생들도
관세음~ 보살님을 일심으로 염송하면
위험에서 벗어나서 평온함을 누립니다.
④

칼에찔려 지금당장 목숨잃을 중생들도
관세음~ 보살님을 일심으로 염송하면
칼이산산 부러지고 자유로움 누립니다.
⑤

삼천대천 세계가득 많디많은 야차들과
나찰들과 귀신들이 괴롭히려 하다가도
관세음~ 보살님을 일심으로 염송하면
못해치며 나쁜마음 가지지도 못합니다.
⑥

죄짓거나 억울하게 몸이꽁꽁 묶이우고
손과발에 고랑차고 갇히게된 중생들도

繫其身 稱觀世音菩薩名者 皆悉斷壞 卽
계 기 신 칭 관 세 음 보 살 명 자 개 실 단 괴 즉

得解脫.
득 해 탈

⑦

若三千大千國土 滿中怨賊 有一商主 將
약 삼 천 대 천 국 토 만 중 원 적 유 일 상 주 장

諸商人 齎持重寶 經過嶮路, 其中一人
제 상 인 재 지 중 보 경 과 험 로 기 중 일 인

作是唱言 '諸善男子 勿得恐怖 汝等 應
작 시 창 언 제 선 남 자 물 득 공 포 여 등 응

當一心 稱觀世音菩薩名號 是菩薩 能以
당 일 심 칭 관 세 음 보 살 명 호 시 보 살 능 이

無畏 施於衆生 汝等 若稱名者 於此怨
무 외 시 어 중 생 여 등 약 칭 명 자 어 차 원

賊 當得解脫', 衆商人聞 俱發聲言 南無
적 당 득 해 탈 중 상 인 문 구 발 성 언 나 무

觀世音菩薩 稱其名故 卽得解脫.
관 세 음 보 살 칭 기 명 고 즉 득 해 탈

⑧

無盡意, 觀世音菩薩摩訶薩 威神之力
무 진 의 관 세 음 보 살 마 하 살 위 신 지 력

관세음~ 보살님을 일심으로 염송하면
모든속박 벗어나서 자유로움 누립니다.
⑦

많은보물 가지고서 위험한길 가던상인
'삼천대천 국토가득 도둑들을 만났어도'
상인중의 한사람이 '두려워~ 마십시오.
관세음~ 보살님을 일심으로 염송하면
보살님이 우리들을 구하여~ 주십니다.
관세음~ 보살님을 일심으로 염송하면
무사히~ 벗어나게 됩니다~' 말을하고
이사람의 말을따라 상인들이 큰소리로
관세음~ 보살님을 일심으로 염송하면
위험에서 벗어나고 재물들을 지킵니다.
⑧

무진의~ 보살님~ 무진의~ 보살님~

巍巍如是
외 외 여 시

三. 三毒
삼　삼 독

①

若有衆生 多於婬欲 常念恭敬 觀世音菩
약 유 중 생　다 어 음 욕　상 념 공 경　관 세 음 보

薩, 便得離欲.
살　　변 득 이 욕

②

若多瞋恚 常念恭敬 觀世音菩薩, 便得
약 다 진 에　상 념 공 경　관 세 음 보 살　　변 득

離瞋.
이 진

③

若多愚癡 常念恭敬 觀世音菩薩. 便得
약 다 우 치　상 념 공 경　관 세 음 보 살　　변 득

離癡.
이 치

72

관세음~ 보살님을 일심으로 염송하면
이렇게도 많디많은 이로움을 누립니다.

3장 삼독

①

탐욕많은 중생들이 온마음과 온몸으로
관세음~ 보살님을 일심으로 염송하면
탐욕에서 벗어나서 자유로움 누립니다.

②

분노많은 중생들이 온마음과 온몸으로
관세음~ 보살님을 일심으로 염송하면
분노에서 벗어나서 평온함을 누립니다.

③

어리석은 중생들이 온마음과 온몸으로
관세음~ 보살님을 일심으로 염송하면
어리석음 벗어나서 지혜로움 누립니다.

④

無盡意, 觀世音菩薩 有如是等 大威神
무진의　관세음보살　유여시등　대위신

力 多所饒益.
력　다소요익

⑤

是故衆生 常應心念.
시고중생　상응심념

四. 念誦功德
사　염송공덕

①

若有女人 設欲求男 禮拜供養 觀世音菩
약유녀인　설욕구남　예배공양　관세음보

薩, 便生福德智慧之男.
살　변생복덕지혜지남

②

設欲求女 便生端正有相之女 宿植德本
설욕구녀　변생단정유상지녀　숙식덕본

④

무진의~ 보살님~ 무진의~ 보살님~

관세음~ 보살님을 일심으로 염송하면

이렇게도 많디많은 이로움을 누립니다.

⑤

일체모든 중생들이 온마음과 온몸으로

관세음~ 보살님을 염송토록 하십시오.

4장 염송의 공덕

①

아들낳길 소원하며 온마음과 온몸으로

관세음~ 보살님을 일심으로 염송하면

덕을많이 심어서~ 사랑받고 존경받고

복이있고 지혜있는 장한아들 낳습니다.

②

딸낳기를 소원하며 온마음과 온몸으로

衆人愛敬.
중 인 애 경

③

無盡意, 觀世音菩薩 有如是力.
무 진 의　 관 세 음 보 살　 유 여 시 력

④

若有衆生 恭敬禮拜觀世音菩薩 福不唐捐.
약 유 중 생 공 경 예 배 관 세 음 보 살 복 부 당 연

⑤

是故衆生 皆應受持 觀世音菩薩名號.
시 고 중 생　 개 응 수 지　 관 세 음 보 살 명 호

⑥

無盡意, 若有人 受持六十二億 恒河沙
무 진 의　 약 유 인　 수 지 육 십 이 억　 강 가 사

菩薩名字 復盡形 供養飮食衣服 臥具
보 살 명 자 부 진 형 공 양 음 식 의 복　 와 구

76

관세음~ 보살님을 일심으로 염송하면
덕을많이 심어서~ 사랑받고 존경받는
단정하고 아름다운 예쁜딸을 낳습니다.
③

무진의~ 보살님~ 무진의~ 보살님~
관세음~ 보살님을 일심으로 염송하면
이렇게도 많디많은 이로움을 누립니다.
④

관세음~ 보살님을 찬양찬탄 예경하고
염송하며 지은복은 없어지지 않습니다.
⑤

일체모든 중생들이 온마음과 온몸으로
관세음~ 보살님을 염송토록 하십시오.
⑥

무진의~ 보살님~ 어찌생각 하십니까?
육십이억 강가강의 모래알과 같은수의

醫藥, 於汝意云何, 是善男子善女人 功
의약　어여의운하　시선남자선여인　공

德多不?
덕다부

⑦

無盡意言. 甚多世尊.
무진의언　심다세존

⑧

佛言 若復有人 受持觀世音菩薩名號 乃
불언 약부유인 수지관세음보살명호 내

至一時 禮拜供養, 是二人福 正等無異
지일시 예배공양　시이인복　정등무이

於百千萬億劫 不可窮盡.
어백천만억겁　불가궁진

⑨

無盡意, 受持觀世音菩薩名號 得如是
무진의　수지관세음보살명호　득여시

無量無邊 福德之利.
무량무변　복덕지리

보살님의 명호들을 일심으로 염송하며
음식이나 의복이나 침구의약 보시하는
선남자와 선여인이 짓는복은 많습니까?
⑦
많습니다. 부처님∼ 매우매우 많습니다.
⑧
무진의∼ 보살님∼ 무진의∼ 보살님∼
관세음∼ 보살님을 염송예배 공양하는
선남자와 선여인이 짓게되는 복덕들은
앞사람이 짓게되는 복덕들과 꼭같으며
천만억겁 지나가도 없어지지 않습니다.
⑨
무진의∼ 보살님∼ 무진의∼ 보살님∼
관세음∼ 보살님을 일심으로 염송하면
한량없고 끝이없는 많은복을 누립니다.

五. 說法方便
오 설법방편

①

無盡意菩薩 白佛言. 世尊, 觀世音菩薩
무진의보살 백불언 세존 관세음보살

云何 遊此娑婆世界, 云何 而爲衆生說
운하 유차사바세계 운하 이위중생설

法 方便之力, 其事云何?
법 방편지력 기사운하

②

佛告無盡意菩薩. 善男子, 若有國土衆
불고무진의보살 선남자 약유국토중

生 應以佛身 得度者 觀世音菩薩 卽現
생 응이불신 득도자 관세음보살 즉현

佛身 而爲說法.
불신 이위설법

③

應以辟支佛身 得度者 卽現辟支佛身 而
응이벽지불신 득도자 즉현벽지불신 이

爲說法.
위설법

④

應以聲聞身 得度者 卽現聲聞身 而爲說法.
응이성문신 득도자 즉현성문신 이위설법

5장 설법의 방편

①

거룩하신 부처님~ 거룩하신 부처님~

관세음~ 보살님은 사바세계 중생위해

어떠한~ 방편으로 설법하고 계십니까?

②

무진의~ 보살님~ 무진의~ 보살님~

부처님이 제도할~ 중생들을 위해서는

부처님의 모습으로 나투어서 설법하고,

③

벽지불이 제도할~ 중생들을 위해서는

벽지불의 모습으로 나투어서 설법하고,

④

성문이~ 제도할~ 중생들을 위해서는

성문의~ 모습으로 나투어서 설법하고,

⑤

應以梵王身 得度者卽現梵王身而爲說法.
응 이 범 왕 신 득 도 자 즉 현 범 왕 신 이 위 설 법

⑥

應以帝釋身 得度者卽現帝釋身而爲說法.
응 이 제 석 신 득 도 자 즉 현 제 석 신 이 위 설 법

⑦

應以自在天身 得度者 卽現自在天身 而
응 이 자 재 천 신 득 도 자 즉 현 자 재 천 신 이

爲說法.
위 설 법

⑧

應以大自在天身 得度者 卽現大自在天
응 이 대 자 재 천 신 득 도 자 즉 현 대 자 재 천

身 而爲說法.
신 이 위 설 법

⑨

應以天大將軍身 得度者 卽現天大將軍
응 이 천 대 장 군 신 득 도 자 즉 현 천 대 장 군

身 而爲說法.
신 이 위 설 법

⑤

범천왕이 제도할~ 중생들을 위해서는

범천왕의 모습으로 나투어서 설법하고,

⑥

제석천이 제도할~ 중생들을 위해서는

제석천의 모습으로 나투어서 설법하고,

⑦

자재천이 제도할~ 중생들을 위해서는

자재천의 모습으로 나투어서 설법하고,

⑧

대자재천 제도할~ 중생들을 위해서는

대자재천 모습으로 나투어서 설법하고,

⑨

대장군이 제도할~ 중생들을 위해서는

대장군의 모습으로 나투어서 설법하고,

⑩

應以毘沙門身 得度者 卽現毘沙門身 而
응 이 비 사 문 신 　득 도 자 　즉 현 비 사 문 신 　이

爲說法.
위 설 법

⑪

應以小王身 得度者 卽現小王身 而爲說法.
응 이 소 왕 신 　득 도 자 　즉 현 소 왕 신 　이 위 설 법

⑫

應以長者身 得度者 卽現長者身 而爲說法.
응 이 장 자 신 　득 도 자 　즉 현 장 자 신 　이 위 설 법

⑬

應以居士身 得度者 卽現居士身 而爲說法.
응 이 거 사 신 　득 도 자 　즉 현 거 사 신 　이 위 설 법

⑭

應以宰官身 得度者 卽現宰官身 而爲說法.
응 이 재 관 신 　득 도 자 　즉 현 재 관 신 　이 위 설 법

⑩
비사문이 제도할~ 중생들을 위해서는
비사문의 모습으로 나투어서 설법하고,

⑪
황제가~ 제도할~ 중생들을 위해서는
황제의~ 모습으로 나투어서 설법하고,

⑫
부자가~ 제도할~ 중생들을 위해서는
부자의~ 모습으로 나투어서 설법하고,

⑬
거사가~ 제도할~ 중생들을 위해서는
거사의~ 모습으로 나투어서 설법하고,

⑭
관료가~ 제도할~ 중생들을 위해서는
관료의~ 모습으로 나투어서 설법하고,

應以婆羅門身 得度者 卽現婆羅門身 而
응 이 바 라 문 신　득 도 자　즉 현 바 라 문 신　이

爲說法.
위 설 법

應以比丘比丘尼 優婆塞優婆夷身 得度
응 이 비 구 비 구 니　우 바 새 우 바 이 신　득 도

者 卽現比丘比丘尼 優婆塞優婆夷身 而
자　즉 현 비 구 비 구 니　우 바 새 우 바 이 신　이

爲說法.
위 설 법

應以長者居士 宰官婆羅門婦女身 得度
응 이 장 자 거 사　재 관 바 라 문 부 녀 신　득 도

者 卽現婦女身 而爲說法.
자　즉 현 부 녀 신　이 위 설 법

應以童男童女身 得度者 卽現童男童女
응 이 동 남 동 녀 신　득 도 자　즉 현 동 남 동 녀

身 而爲說法.
신　이 위 설 법

⑮

귀족이~ 제도할~ 중생들을 위해서는
귀족의~ 모습으로 나투어서 설법하고,

⑯

남자스님 여자스님 남자신도 여자신도
사부대중 제도할~ 중생들을 위해서는
남자스님 여자스님 남자신도 여자신도
사부대중 모습으로 나투어서 설법하고,

⑰

부자아내 거사아내 관료아내 귀족아내
아내들이 제도할~ 중생들을 위해서는
부자아내 거사아내 관료아내 귀족아내
아내들의 모습으로 나투어서 설법하고,

⑱

소년소녀 제도할~ 중생들을 위해서는
소년소녀 모습으로 나투어서 설법하고,

⑲

應以天 龍 夜叉 乾闥婆 阿修羅 迦樓羅
응 이 천 룡 야 차 건 달 바 아 수 라 가 루 라

緊那羅 摩睺羅伽 人非人等身 得度者
긴 나 라 마 후 라 가 인 비 인 등 신 득 도 자

卽皆現之 而爲說法.
즉 개 현 지 이 위 설 법

⑳

應以執金剛神 得度者 卽現執金剛神 而
응 이 집 금 강 신 득 도 자 즉 현 집 금 강 신 이

爲說法.
위 설 법

六. 中間結論
육 중 간 결 론

①

無盡意, 是觀世音菩薩 成就如是功德
무 진 의 시 관 세 음 보 살 성 취 여 시 공 덕

以種種形 遊諸國土 度脫衆生.
이 종 종 형 유 제 국 토 도 탈 중 생

②

是故 汝等 應當一心供養觀世音菩薩.
시 고 여 등 응 당 일 심 공 양 관 세 음 보 살

⑲

팔부신중 제도할~ 중생들을 위해서는

팔부신중 모습으로 나투어서 설법하고,

⑳

집금강신 제도할~ 중생들을 위해서는

집금강신 모습으로 설법하고 계십니다.

6장 중간 결론

①

무진의~ 보살님~ 무진의~ 보살님~

관세음~ 보살님은 이런일을 하십니다.

가지가지 모습으로 여러국토 다니면서

일체모든 중생들을 고통에서 구합니다.

②

일체모든 중생들이 지극한~ 정성으로

관세음~ 보살님께 공양토록 하십시오.

③

是觀世音菩薩摩訶薩　於怖畏急難之中
시 관 세 음 보 살 마 하 살　어 포 외 급 난 지 중

能施無畏. 是故　此娑婆世界　皆號之爲
능 시 무 외　시 고　차 사 바 세 계　개 호 지 위

施無畏者.
시 무 외 자

④

無盡意菩薩　白佛言. 世尊, 我今當供養
무 진 의 보 살　백 불 언　세 존　아 금 당 공 양

觀世音菩薩.
관 세 음 보 살

⑤

卽解頸　眾寶珠瓔珞　價值百千兩金 而以
즉 해 경　중 보 주 영 락　가 치 백 천 량 금　이 이

與之　作是言. 仁者, 受此法施　珍寶瓔珞.
여 지　작 시 언　인 자　수 차 법 시　진 보 영 락

⑥

時 觀世音菩薩 不肯受之, 無盡意 復白觀
시 관 세 음 보 살 불 긍 수 지　무 진 의 부 백 관

③

일체모든 고통들을 완전히~ 없애주어,
사바세계 중생들은 관세음~ 보살님을
평화안정 주시는~ 분이라고 말합니다.

④

거룩하신 부처님~ 거룩하신 부처님~
관세음~ 보살님께 공양올리 겠습니다.

⑤

무진의~ 보살님이 목과팔에 걸고있던
참으로~ 값나가는 목걸이와 팔찌들을
공손하게 올리면서 말씀하시 었습니다.
대비심의 성현이신 관세음~ 보살님~
저희들의 목걸이와 팔찌받아 주십시오.

⑥

관세음~ 보살님이 받으려고 않으시자
다시한번 간절하게 간청하시 었습니다.

世音菩薩言. 仁者, 愍我等故 受此瓔珞.
세 음 보 살 언　　인 자　　민 아 등 고　　수 차 영 락

⑦

爾時 佛告. 觀世音菩薩, 當愍 此無盡意
이 시 불 고　관 세 음 보 살　당 민　차 무 진 의

菩薩 及 四眾 天 龍 夜叉 乾闥婆 阿修羅
보 살 급 사 중 천 룡 야 차 건 달 바 아 수 라

迦樓羅　緊那羅　摩睺羅伽　人非人等故
가 루 라　긴 나 라　마 후 라 가　인 비 인 등 고

受是瓔珞.
수 시 영 락

⑧

卽時 觀世音菩薩 愍諸四眾 及 於天 龍
즉 시 관 세 음 보 살 민 제 사 중 급 어 천 룡

人非人等 受其瓔珞 分作二分 一分 奉
인 비 인 등 수 기 영 락 분 작 이 분 일 분 봉

釋迦牟尼佛 一分 奉多寶佛塔.
석 가 모 니 불 일 분 봉 다 보 불 탑

대비심의 성현이신 관세음~ 보살님~
여기있는 저희들을 불쌍히~ 여기시어
저희들의 목걸이와 팔찌받아 주십시오.

⑦

거룩하신 부처님이 말씀하시 었습니다.
대비심의 성현이신 관세음~ 보살님~
무진의~ 보살님과 남자스님 여자스님
남자신도 여자신도 팔부신중 위하여서
목걸이와 팔찌들을 받아들여 주십시오.

⑧

부처님의 말씀듣고 관세음~ 보살님이
대중위해 목걸이와 팔찌들을 받아들여
절반은~ 석가모니 부처님께 올리시고
절반은~ 다보탑에 공양하시 었습니다.

⑨

無盡意, 觀世音菩薩 有如是自在神力
무진의 관세음보살 유여시자재신력

遊於娑婆世界.
유어사바세계

七. 偈頌
칠 게송

①

爾時 無盡意菩薩 以偈問曰
이시 무진의보살 이게문왈

世尊妙相具 我今重問彼
세존묘상구 아금중문피

佛子何因緣 名爲觀世音
불자하인연 명위관세음

②

具足妙相尊 偈答無盡意
구족묘상존 게답무진의

汝聽觀音行 善應諸方所
여청관음행 선응제방소

무진의~ 보살님~ 무진의~ 보살님~

관세음~ 보살님은 사바세계 다니면서

일체모든 고통중생 빠짐없이 구합니다.

7장 게송

①

무진의~ 보살님이 게송부르 셨습니다.

거룩하신 부처님~ 거룩하신 부처님~

다시한번 저희에게 설법하여 주옵소서.

어찌하여 불자들이 온마음과 온몸으로

관세음~ 보살님을 일심염송 하는지를.

②

무진의~ 보살님~ 무진의~ 보살님~

대비심의 성현이신 관세음~ 보살님은

사바세계 곳곳마다 한곳도~ 빠짐없이

③

弘誓深如海 歷劫不思議
홍 서 심 여 해　역 겁 부 사 의

侍多千億佛 發大清淨願
시 다 천 억 불　발 대 청 정 원

④

我爲汝略說 聞名及見身
아 위 여 약 설　문 명 급 견 신

心念不空過 能滅諸有苦
심 념 불 공 과　능 멸 제 유 고

⑤

假使興害意 推落大火坑
가 사 흥 해 의　추 락 대 화 갱

念彼觀音力 火坑變成池
염 피 관 음 력　화 갱 변 성 지

중생위해 설법하러 다니시고 계십니다.

③

상상조차 할수없이 기나긴~ 세월동안
백천만억 부처님을 받들어~ 모시면서
바다같이 깊디깊고 넓디넓은 발원세워
하나하나 빠짐없이 모두이루 셨습니다.

④

요약하여 보살님께 말씀드리 겠습니다.
관세음~ 보살님의 행적들을 듣고보고
관세음~ 보살님을 일심으로 염송하면
모든고통 벗어나서 평온함을 누립니다.

⑤

해치려는 많디많은 사람들에 떠밀리어
깊디깊은 불구덩에 떨어지게 되었을때
관세음~ 보살님을 일심으로 염송하면

⑥

或漂流巨海　龍魚諸鬼難
혹 표 류 거 해　용 어 제 귀 난

念彼觀音力　波浪不能沒
염 피 관 음 력　파 랑 불 능 몰

⑦

或在須彌峯　爲人所推墮
혹 재 수 미 봉　위 인 소 추 타

念彼觀音力　如日虛空住
염 피 관 음 력　여 일 허 공 주

⑧

或被惡人逐　墮落金剛山
혹 피 악 인 축　타 락 금 강 산

念彼觀音力　不能損一毛
염 피 관 음 력　불 능 손 일 모

불구덩이 변하여서 연못을~ 이룹니다.

⑥

먼바다에 나갔다가 태풍속에 표류되어
가지가지 바다귀신 만나게~ 되었을때
관세음~ 보살님을 일심으로 염송하면
성난파도 이사람을 삼키지~ 못합니다.

⑦

험준하고 높디높은 수미산의 봉우리서
떠밀리어 천길만길 떨어지게 되었을때
관세음~ 보살님을 일심으로 염송하면
해와같이 달과같이 허공중에 머뭅니다.

⑧

금강같이 단단하고 산과같이 큰운석이
벼락처럼 머리위에 쏟아지려 할때에도
관세음~ 보살님을 일심으로 염송하면

⑨

或値怨賊繞　各執刀加害
혹 치 원 적 요　각 집 도 가 해

念彼觀音力　咸卽起慈心
염 피 관 음 력　함 즉 기 자 심

⑩

或遭王難苦　臨刑欲壽終
혹 조 왕 난 고　임 형 욕 수 종

念彼觀音力　刀尋段段壞
염 피 관 음 력　도 심 단 단 괴

⑪

或囚禁枷鎖　手足被杻械
혹 수 금 가 쇄　수 족 피 추 계

念彼觀音力　釋然得解脫
염 피 관 음 력　석 연 득 해 탈

털끝만한 상처하나 생기지~ 않습니다.

⑨

험악하기 그지없는 도둑떼의 무리들이
창과칼을 높이들고 위협하며 달려들때
관세음~ 보살님을 일심으로 염송하면
도둑들이 자비로운 마음을~ 갖습니다.

⑩

어렵고도 어려운~ 난관속에 처하여서
형장에서 칼에맞아 목숨잃게 되었을때
관세음~ 보살님을 일심으로 염송하면
칼이산산 조각나서 목숨잃지 않습니다.

⑪

죄짓거나 억울하게 몸이꽁꽁 묶이고서
손과발에 고랑차고 구속되어 있을때에
관세음~ 보살님을 일심으로 염송하면

⑫

呪詛諸毒藥　所欲害身者
주 저 제 독 약　소 욕 해 신 자

念彼觀音力　還着於本人
염 피 관 음 력　환 착 어 본 인

⑬

或遇惡羅刹　毒龍諸鬼等
혹 우 악 나 찰　독 룡 제 귀 등

念彼觀音力　時悉不敢害
염 피 관 음 력　시 실 불 감 해

⑭

若惡獸圍遶　利牙爪可怖
약 악 수 위 요　이 아 조 가 포

念彼觀音力　疾走無邊方
염 피 관 음 력　질 주 무 변 방

감옥에서 벗어나서 자유로움 누립니다.

⑫

주술로써 저주하고 온갖독약 먹게하고
가지가지 방법으로 해치려고 할때에도
관세음~ 보살님을 일심으로 염송하면
어떤것도 이사람을 해치지~ 못합니다.

⑬

나쁜마음 가지고서 달려드는 나찰이나
독을품고 해치려는 귀신들을 만났을때
관세음~ 보살님을 일심으로 염송하면
어느것도 이사람을 해치지~ 못합니다.

⑭

해치려는 짐승들이 겹겹으로 에워싸고
날카로운 이빨이나 발톱으로 위협할때
관세음~ 보살님을 일심으로 염송하면

⑮

蚖蛇及蝮蝎　氣毒煙火燃
완 사 급 복 갈　기 독 연 화 연

念彼觀音力　尋聲自迴去
염 피 관 음 력　심 성 자 회 거

⑯

雲雷鼓掣電　降雹澍大雨
운 뢰 고 체 전　강 박 주 대 우

念彼觀音力　應時得消散
염 피 관 음 력　응 시 득 소 산

⑰

衆生被困厄　無量苦逼身
중 생 피 곤 액　무 량 고 핍 신

觀音妙智力　能救世間苦
관 음 묘 지 력　능 구 세 간 고

악한짐승 달아나며 근처에도 못옵니다.
⑮

살모사나 독사전갈 가지가지 해충들이
독한기운 뿜어대며 덤비려고 할때에도
관세음~ 보살님을 일심으로 염송하면
모든해충 사라져서 평온함을 누립니다.
⑯

먹구름이 크게일어 천둥번개 벼락치고
우박들이 쏟아지고 장대같은 비가올때
관세음~ 보살님을 일심으로 염송하면
모든것이 사라져서 평온함을 누립니다.
⑰

중생들이 가지가지 괴로움과 재앙만나
한량없이 많디많은 고통들을 겪을때에
오묘하신 지혜로써 중생들의 고통들을

⑱

具足神通力　廣修智方便
구 족 신 통 력　광 수 지 방 편

十方諸國土　無刹不現身
시 방 제 국 토　무 찰 불 현 신

⑲

種種諸惡趣　地獄鬼畜生
종 종 제 악 취　지 옥 귀 축 생

生老病死苦　以漸悉令滅
생 로 병 사 고　이 점 실 영 멸

八. 無盡意 讚嘆
팔　무 진 의　찬 탄

①

眞觀淸淨觀　廣大智慧觀
진 관 청 정 관　광 대 지 혜 관

悲觀及慈觀　常願常瞻仰
비 관 급 자 관　상 원 상 첨 앙

관세음~ 보살님은 빠짐없이 없앱니다.

⑱

신통력을 빠짐없이 온전하게 갖추시고
지혜방편 두루닦은 관세음~ 보살님은
시방세계 모든국토 빠뜨리지 아니하고
자비로운 모습으로 두루두루 나툽니다.

⑲

삼악도를 끊임없이 돌고돌며 윤회하는
지옥아귀 축생계의 중생들이 겪고있는
생노병사 가지가지 일체모든 고통들을
관세음~ 보살님은 빠짐없이 없앱니다.

8장 무진의 보살의 찬탄

①

진실하고 청정하고 깨끗하게 보시는눈
현명하고 슬기롭고 지혜롭게 보시는눈

②

無垢淸淨光 慧日破諸闇
무 구 청 정 광　혜 일 파 제 암

能伏災風火 普明照世間
능 복 재 풍 화　보 명 조 세 간

③

悲體戒雷震 慈意妙大雲
비 체 계 뢰 진　자 의 묘 대 운

澍甘露法雨 滅除煩惱焰
주 감 로 법 우　멸 제 번 뇌 염

④

諍訟經官處 怖畏軍陣中
쟁 송 경 관 처　포 외 군 진 중

念彼觀音力 衆怨悉退散
염 피 관 음 력　중 원 실 퇴 산

슬픔기쁨 함께하며 자비롭게 보시는눈
관세음~ 보살님을 일심염송 하렵니다.
②

더러움이 전혀없는 깨끗하신 빛이시며
어두움이 전혀없는 지혜로운 태양이신
관세음~ 보살님은 불과바람 잠재우고
모든세상 만물들을 빠짐없이 밝힙니다.
③

대비심의 마음으로 고통들을 없애주고
대자심의 마음으로 기쁨들을 일으키려
관세음~ 보살님은 감로같은 법비내려
모든번뇌 타는불길 소멸하게 하십니다.
④

모함으로 억울하게 재판걸려 어렵거나
모진세월 전쟁나서 목숨까지 위험할때

⑤

妙音觀世音　梵音海潮音
묘 음 관 세 음　범 음 해 조 음

勝彼世間音　是故湏常念
승 피 세 간 음　시 고 수 상 념

⑥

念念勿生疑　觀世音淨聖
염 염 물 생 의　관 세 음 정 성

於苦惱死厄　能爲作依怙
어 고 뇌 사 액　능 위 작 의 호

⑦

具一切功德　慈眼視衆生
구 일 체 공 덕　자 안 시 중 생

福聚海無量　是故應頂禮
복 취 해 무 량　시 고 응 정 례

관세음~ 보살님을 일심으로 염송하면
모함전쟁 벗어나서 평온함을 누립니다.

⑤

파도같이 우렁차며 범음같이 아름다운
관세음~ 보살님의 오묘하신 설법소리
시방삼세 온세상에 두루두루 충만하니
관세음~ 보살님의 설법항상 듣습니다.

⑥

고통번뇌 죽음액난 빠짐없이 없애주는
대비심의 거룩하신 관세음~ 보살님~
관세음~ 보살님을 의심하지 아니하고
온마음과 온몸으로 일심염송 하렵니다.

⑦

모든공덕 빠짐없이 두루두루 갖추시고
중생들을 빠짐없이 자비롭게 보살피며

九. 總結
구   총결

①

爾時 持地菩薩 卽從座起 前白佛言. 世
이시 지지보살 즉종좌기 전백불언   세

尊, 若有衆生 聞是觀世音菩薩品 自在
존   약유중생 문시관세음보살품   자재

之業 普門示現 神通力者, 當知 是人功
지업 보문시현 신통력자   당지 시인공

德不少.
덕불소

②

佛說是普門品時 衆中 八萬四千衆生 皆
불설시보문품시 중중 팔만사천중생 개

發無等等 阿耨多羅三藐三菩提心.
발무등등 아누다라삼막삼보리심

〈鳩摩羅什 漢文 譯 觀音經 終〉
구마라집 한문 역 관음경 종

무량복을 나눠주는 관세음~ 보살님께
고개숙여 일심으로 예배공경 하렵니다.

9장 총결론

①

지~지~ 보살님이 자리에서 일어나서
합장하고 부처님께 말씀드리 셨습니다.
거룩하신 부처님~ 관음경을 읽고들어
관세음~ 보살님의 자유자재 신통력을
믿는모든 사람들이 누리게될 공덕들은
상상조차 못할만큼 매우매우 많습니다.

②

부처님이 관음경을 모두모두 설하시니,
팔만사천 중생들이 한중생도 빠짐없이
최고바른 깨달음의 마음을~ 냈습니다.

〈가사체 관음경 끝〉

觀音菩薩精勤
관 음 보 살 정 근

南無   普門示現   願力弘深
나 무   보 문 시 현   원 력 홍 심

大慈大悲   救苦救難
대 자 대 비   구 고 구 난

'觀世音菩薩 … 觀世音菩薩 …'
관 세 음 보 살   관 세 음 보 살

滅業障眞言
멸 업 장 진 언

옴 아르늑계 사바하(세번)

具足神通力   廣修智方便[2]
구 족 신 통 력   광 수 지 방 편

十方諸國土   無刹不現身
시 방 제 국 토   무 찰 불 현 신

故我一心   歸命頂禮
고 아 일 심   귀 명 정 례

---

2 일부 의식집에는 廣修諸方便으로 되어 있으나 유통되고 있는 모든 관음경 7장 ⑱절에는 본문과 같습니다.

모든곳에 빠짐없이 항상계시며
바다보다 깊고넓은 원력으로써
대자대비 모든고난 없애주시는
관세음～ 보살님을 염송합니다.

관세음 보살～(여러 번)

업장을 소멸하는 진언

옴 아르늑계 사바하(세번)

신통력을 빠짐없이 모두갖추고
지혜방편 두루닦은 관세음보살
시방세계 모든국토 빠뜨리잖고
자비로운 모습으로 나투옵니다.

관세음～ 보살님께 일심귀의 하옵니다.

한글세대

반야심경

(摩訶) 般若派羅蜜多心經
마 하　　반 야 바 라 밀 다 심 경

玄奘 漢文 譯
현 장　한 문　역

반야심경 한문본은 여러 종이 전해지고 있습니다.

1) 현장 한문역 반야바라밀다심경(약본)

2) 구마라집 한문역 마하반야바라밀대명주경(약본)

3) 반야·이언 한문공역 반야바라밀다심경(광본)

4) 법월 한문 중역 보편지장반야바라밀다심경(광본)

5) 법월 한문역 반야바라밀다심경(광본)

6) 의정 한문역 불설반야바라밀다심경(약본)

7) 지혜륜 한문역 반야바라밀다심경(광본)

8) 시호 한문역 반야바라밀다심경(광본)

중국 한문식 음사 반야심경도 있고, 중국에서 전해지고
있는 범어본 반야심경도 있으며, 최근에는 이기영이 범어본
을 바로 소개하기도 하였고, Conze의 범어본도 소개되고
있습니다.

가사체 반야심경

무비스님 · 조현춘 공역

앞 쪽의 한문 반야심경 8본과 산스끄리뜨어 광본/약본 반야심경을 참고하여 번역하면서 다음과 같은 결론을 내렸습니다.

①절 : 청담스님께서도 지적하셨고, 광본에도 있듯이, 반야심경의 설주는 관세음보살입니다. 따라서, ①절은 '관자재 보살이 …… 건너느니라'에 이어서 '이렇게 건넌 관자재 보살이 말하였다'라는 내용이 있어야 합니다.

②절 : 저를 '조현춘이여!'라고 않고, '조현춘 교수님!'이라고 합니다. 따라서 '사리자여'라고 하는 것보다는 '사리불 장로님'이라고 하는 것이 낫습니다.

③절 : 범어본과 일부 한문본에는 '色不異空 空不異色' 앞에 色性是空 空性是色(법월 중역: 대상있음 공함있고 공함있음 대상있오/충분조건)이 있습니다.

④절 이하 : 금강경의 요약이 반야심경이라는 관점에서 금강경 논리에 따라 우리말로 번역하였습니다.

* 다음까페 가사체금강경; 가사체경전; 43번 반야심경 참고.

摩訶般若波羅蜜多心經
마 하 반 야 바 라 밀 다 심 경

①

觀自在菩薩 行深般若波羅蜜多時 照見
관 자 재 보 살 행 심 반 야 바 라 밀 다 시 조 견

五蘊皆空 度一切苦厄
오 온 개 공 도 일 체 고 액

②

舍利子
사 리 자

③

(色性是空 空性是色)
색 성 시 공 공 성 시 색

色不異空 空不異色
색 불 이 공 공 불 이 색

色即是空 空即是色
색 즉 시 공 공 즉 시 색

④

受想行識 亦復如是
수 상 행 식 역 부 여 시

⑤

舍利子
사 리 자

120

가사체 반야심경

①

마하반야 바라밀을 깊이깊이 수행하여
오온모두 공함보고 모든고통 벗어나신
관세음~ 보살님이 말씀하시 었습니다.

②

사리불~ 장로님~ 사리불~ 장로님~

③

대상있음 공함있고 공함있음 대상있오.
대상없음 공함없고 공함없음 대상없오.
대상이곧 공함이고 공함이곧 대상이오.

④

느낌생각 행동인식 역시같다 할수있오.

⑤

사리불~ 장로님~ 사리불~ 장로님~

⑥

是諸法空相 不生不滅 不垢不淨 不增不
시 제 법 공 상　불 생 불 멸　불 구 부 정　부 증 불

減
감

⑦

是故　空中
시 고　　공 중

⑧

無色　無受想行識
무 색　　무 수 상 행 식

⑨

無眼耳鼻舌身意
무 안 이 비 설 신 의

⑩

無色聲香味觸法
무 색 성 향 미 촉 법

⑪

無眼界　乃至　無意識界
무 안 계　　내 지　　무 의 식 계

⑥

이세상의 모든것은 하나같이 공하다오.

생겨남과 없어짐에 걸려들지 아니하고

더러움과 깨끗함에 걸려들지 아니하고

늘어남과 줄어듦에 걸려들지 마십시오.

⑦

이리하여 공적함을 온전하게 이룩하면

⑧

어떤대상 어떤느낌 어떤생각 어떤행동

어떤인식 어디에도 걸려들지 아니하오.

⑨

눈과귀와 코혀몸뜻 어디에도 안걸리고

⑩

형상소리 냄새맛촉 현상에도 안걸리고

⑪

눈의세계 귀의세계 코의세계 혀의세계

⑫

無無明 亦無無明盡 乃至 無老死 亦無
무 무 명　역 무 무 명 진　내 지　무 노 사　역 무

老死盡
노 사 진

⑬

無苦集滅道
무 고 집 멸 도

⑭

無智亦無得 以無所得故 菩提薩唾 依般
무 지 역 무 득　이 무 소 득 고　보 리 살 타　의 반

若波羅蜜多故 心無罣碍 無罣碍故 無有
야 바 라 밀 다 고　심 무 가 애　무 가 애 고　무 유

恐怖 遠離顚倒夢想 究竟涅槃
공 포　원 리 전 도 몽 상　구 경 열 반

⑮

三世諸佛 依般若波羅蜜多故 得阿耨多
삼 세 제 불　의 반 야 바 라 밀 다 고　득 아 누 다

羅三藐三菩提
라 삼 먁 삼 보 리

124

몸의세계 뜻의세계 어디에도 안걸리오.

⑫

어두움도 벗어나고 벗어남도 벗어나고

늙고죽음 벗어나고 벗어남도 벗어나고

⑬

고집멸도 어디에도 걸려들지 아니하오.

⑭

지혜에도 안걸리고 이룸에도 안걸리고

이룸에도 안걸린단 생각조차 아니하여

모든보살 마하반야 바라밀에 의지하여

모든속박 벗어나고 모든공포 벗어나고

모든망상 벗어나서 구경열반 이루었오.

⑮

삼세제불 마하반야 바라밀에 의지하여

최고바른 깨달음을 온전하게 이루었오.

⑯

故知 般若波羅蜜多 是大神呪 是大明呪
고지 반야바라밀다 시대신주 시대명주

是無上呪 是無等等呪
시무상주 시무등등주

⑰

能除一切苦 眞實不虛
능제일체고 진실불허

⑱

故說 般若波羅蜜多呪 卽說呪曰
고설 반야바라밀다주 즉설주왈

⑲

「揭諦 揭諦 波羅揭諦 波羅僧揭諦 菩
아제 아제 바라아제 바라승아제 모

提 娑婆訶」 (세번)
지 사바하

〈玄奘 漢文 譯 般若心經 終〉
현장 한문 역 반야심경 종

126

마하반야 바라밀은 참으로~ 신비진언

참으로~ 밝은진언 참으로~ 높은진언

무엇과도 비교할수 없이귀한 진언이오.

⑰

허망하지 아니하고 참으로~ 진실하여

모든고통 빠짐없이 없애주는 진언이오.

⑱

그리하여 마하반야 바라밀을 말합니다.

⑲

'가자가자 넘어가자 모두다가자 보리이루자'

'가떼가떼 빠라가떼 빠라상가떼 보리스와하'

(세번)

〈가사체 반야심경 끝〉

조계종 반야심경 _(짝수쪽)

①

관자재보살이 깊은 반야바라밀다를 행할 때, 오온이 공한 것을 비추어 보고 온갖 고통에서 건너느니라.

②

사리자여!

③

(   )

색이 공과 다르지 않고 공이 색과 다르지 않으며, 색이 곧 공이요 공이 곧 색이니,

④

수 상 행 식도 그러하니라.

⑤

사리자여!

가사체 반야심경 (홀수쪽)

①

마하반야 바라밀을 깊이깊이 수행하여

오온모두 공함보고 모든고통 벗어나신

관세음~ 보살님이 말씀하시 었습니다.

②

사리불~ 장로님~ 사리불~ 장로님~

③

대상있음 공함있고 공함있음 대상있오.

대상없음 공함없고 공함없음 대상없오.

대상이곧 공함이고 공함이곧 대상이오.

④

느낌생각 행동인식 역시같다 할수있오.

⑤

사리불~ 장로님~ 사리불~ 장로님~

⑥

모든 법은 공하여

나지도 멸하지도 않으며,

더럽지도 깨끗하지도 않으며

늘지도 줄지도 않느니라.

⑦

그러므로 공 가운데는

⑧

색이 없고 수 상 행 식도 없으며,

⑨

안 이 비 설 신 의眼耳鼻舌身意도 없고,

⑩

색 성 향 미 촉 법色聲香味觸法도 없으며,

⑪

눈의 경계도 의식의 경계까지도 없고,

이세상의 모든것은 하나같이 공하다오.

생겨남과 없어짐에 걸려들지 아니하고

더러움과 깨끗함에 걸려들지 아니하고

늘어남과 줄어듦에 걸려들지 마십시오.

⑦

이리하여 공적함을 온전하게 이룩하면

⑧

어떤대상 어떤느낌 어떤생각 어떤행동

어떤인식 어디에도 걸려들지 아니하오.

⑨

눈과귀와 코혀몸뜻 어디에도 안걸리고

⑩

형상소리 냄새맛촉 현상에도 안걸리고

⑪

눈의세계 귀의세계 코의세계 혀의세계

⑫

무명도 무명이 다함까지도 없으며,

늙고 죽음도 늙고 죽음이 다함까지도 없고,

⑬

고 집 멸 도苦集滅道도 없으며

⑭

지혜도 얻음도 없느니라.

얻을 것이 없는 까닭에

보살은 반야바라밀다를 의지하므로,

마음에 걸림이 없고 걸림이 없으므로

두려움이 없어서, 뒤바뀐 헛된 생각을 멀리

떠나 완전한 열반에 들어가며,

⑮

삼세의 모든 부처님도 반야바라밀다를 의

지하므로 최상의 깨달음을 얻느니라.

몸의세계 뜻의세계 어디에도 안걸리오.
⑫

어두움도 벗어나고 벗어남도 벗어나고
늙고죽음 벗어나고 벗어남도 벗어나고
⑬

고집멸도 어디에도 걸려들지 아니하오.
⑭

지혜에도 안걸리고 이룸에도 안걸리고
이룸에도 안걸린단 생각조차 아니하여
모든보살 마하반야 바라밀에 의지하여
모든속박 벗어나고 모든공포 벗어나고
모든망상 벗어나서 구경열반 이루었오.
⑮

삼세제불 마하반야 바라밀에 의지하여
최고바른 깨달음을 온전하게 이루었오.

반야바라밀다는 가장 신비하고
밝은 주문이며 위없는 주문이며,
무엇과도 견줄 수 없는 주문이니,

⑰

온갖 괴로움을 없애고 진실하여
허망하지 않음을 알지니라.

⑱

이제 반야바라밀다주를 말하리라.

⑲

아제아제 바라아제 바라승아제
모지 사바하(3번)

〈조계종 반야심경 끝〉

마하반야 바라밀은 참으로~ 신비진언
참으로~ 밝은진언 참으로~ 높은진언
무엇과도 비교할수 없이귀한 진언이오.

⑰

허망하지 아니하고 참으로~ 진실하여
모든고통 빠짐없이 없애주는 진언이오.

⑱

그리하여 마하반야 바라밀을 말합니다.

⑲

'가자가자 넘어가자 모두다가자 보리이루자'
'가떼가떼 빠라가떼 빠라상가떼 보리스와하'

(세번)

〈가사체 반야심경 끝〉

편집후기

서울대학교 이장호 교수님의 권유로 '서양의 한계를 극복하고 동서양 통합 상담심리학을 세우기 위해' 이동식 선생님 교실에서 김종서, 이종익 선생님들과 금강경 공부를 시작하였습니다.

금강경을 독송하던 중, '근원도 알 수 없는, 저 자신의 저 깊고 깊은 곳에서 생명의 빛이 흘러나오는 것'을 발견했습니다. '저와 모든 생명이 함께 하는 빛, 생명의 빛'이 저의 깊은 곳에서 나오고 있었습니다. 내면의 빛뿐만 아니라, 날씨와는 무관하게 밖에서 불어오는 법풍(法風, 진리의 바람)도 저의 몸과 마음을 시원하게 해 주고 있습니다. 많은 분들의 은혜로 경전 출간까지 하게 되었습니다.

　첫째, 무비스님께서는 '천진난만하시며(?), 대자대비에도 걸리지 않으시는, 살아계시는 대 성현의 모습'으로 참으로 자상한 가르침을 베풀어 주셨습니다. 공역자의 자리에까지 내려와 주셔서 황송하고 황망할 뿐입니다. 참으로 고맙습니다.

　둘째, 20년 세월 동안 매주 원고를 교정해주고 가르쳐 주신

두 분 선배님(안형관 선배님과 강수균 선배님)을 비롯한 화화회 회원님들(강태진, 김정옥, 김정자 선생님)에게 고마운 마음을 전합니다. 화화회에서 같이 했던 수많은 회원님들에게도 깊은 감사를 드립니다. 불교에 관해서 참으로 해박한 지식을 가지고 계시면서 가려운 곳을 긁어주고 모자라는 곳을 채워준 김남경 교수님께도 심심한 감사를 드립니다.

셋째, 눈이 되어주고 귀가 되어주고 손발이 되어주신 보리행 박혜정 보살님, 수선행 이수진 보살, 해광 조재형 거사에게도 고마운 마음을 전합니다.

넷째, 출간을 허락해 준 도서출판 운주사 김시열 사장님과 임직원님들께도 감사를 드립니다. 출판과 관련하여 '필자의 이런 저런 까다로운 요구'를 다 견뎌주고 협조해 주셨습니다.

마지막으로, 불교계의 어려운 출판 사정을 고려하여 출판에 많은 도움을 주신 후원회원님들께도 심심한 감사의 마음을 전합니다. 108후원회원님들과 많은 후원회원님들의 후원으로 수월하게 출간할 수 있었습니다. 이 인연 공덕으로 부처님의 무량 복을 누리시고, 속히 성불하옵소서. 후원회원님들을 위하여 매달 축원을 올리겠습니다.

108후원회

1) 도일스님	13) 이수진	25) 해원보살	37) 한지민
2) 수보리스님	14) 조성흠	26) 오일수	38) 보명법사
3) 남봉연	15) 조성윤	27) 유명애	39) 김형일
4) 이진우	16) 서울독송회	28) 권준모	40) 장충효
5) 민경희	17) 대구독송회	29) 방애자	41) 도윤희
6) 안형관	18) KBS독송회	30) 정인숙	42) 김임용
7) 강수균	19) 청안사	31) 세심화	43) 배문주
8) 강태진	20) 미/정각사	32) 정혜거사	44) 배영주
9) 김정옥	21) 송불암	33) 대원화 영가	45) 부산 보현회
10) 김정자	22) 북대암	34) 마가스님	
11) 박혜정	23) 이순랑 법사	35) 이종선	
12) 조재형	24) 김남경	36) 박은희	

법보시 동참 계좌

신한은행 110-354-890749

조현춘(가사체금강경독송회)

이 통장으로 입금되는 보시금은 전액 '지정법당·군법당·병원법
당·교도소·불교학생회 등에의 법보시, 불교기관에의 보시'로만
사용합니다. 고맙습니다. 참으로 고맙습니다.

가사체 금강경 독송회

대심 조현춘 010-9512-5202 합장

● **무비無比 큰스님**(전 조계종 교육원장)은

부산 범어사에서 여환스님을 은사로 출가. 해인사 강원
졸업. 해인사·통도사 등 여러 선원에서 10여 년 동안 안
거. 오대산 월정사에서 탄허스님을 모시고 경전을 공부한
후 '탄허스님의 법맥을 이은 대강백'으로 통도사·범어사
강주, 조계종 승가대학원·동국역경원 원장 역임. 지금은
범어사 화엄전에 주석하시면서 후학을 지도하며 많은 집
필활동과 더불어 전국 각지의 법회에서 불자들의 마음 문
을 열어주고 있습니다. (다음 까페: 염화실)

● **대심大心 조현춘**(가사체 금강경 독송회)은

서울대학교 이장호 지도교수님의 권유로 '동서양 통합 상
담심리학'을 세우기 위해 금강경 공부 시작. 30여 년 교수
생활 중에 계속 '불교경전과 상담심리학'이라는 주제의
논문 발표. 화엄경과 화이트헤드 연구회·법륜불자교수
회·한국동서정신과학회·한국정서행동장애아교육학회·
대한문학치료학회 등의 회장을 역임하였습니다.
(다음 까페: 가사체금강경)

한글세대 아미타경 관음경 반야심경

초판 2쇄 발행 불기 2565(서기 2021)년 12월 7일

공역 무비스님·조현춘 | 펴낸이 김시열

펴낸곳 도서출판 운주사

　　　　서울시 성북구 동소문로 67-1 성심빌딩 3층

　　　　전화 (02) 926-8361 | 팩스 0505-115-8361

ISBN 978-89-5746-617-9 03220

값　6,000원

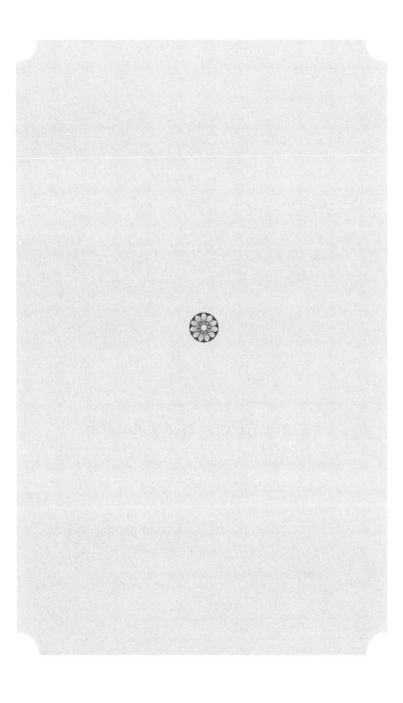